De puntillas en Lugares escalofriantes

# CIUDADES DESHABITADAS

por E. Merwin

Consultora: Ursula Bielski
Escritora e investigadora de fenómenos paranormales
Fundadora de Chicago Hauntings, Inc.

BEARPORT PUBLISHING

New York, New York

## Créditos

Cubierta, © Ewais/Shutterstock; TOC, © Taras Kolomiyets/Shutterstock; 4–5, © Jose Gregorio/Shutterstock and © dezi/Shutterstock; 6L, © Mainichi Shimbun/Reuters; 6R, © Robert Gilhooly/Alamy Stock Photo; 7, © ZUMA Press, Inc./Alamy Stock Photo; 8, © Tupungato/Shutterstock, © elwynn/Shutterstock, and © Top Photo Engineer/Shutterstock; 9, © ZUMA Press, Inc./Alamy Stock Photo, © szefei/Shutterstock, © Top Photo Engineer/Shutterstock, © kimberrywood/Shutterstock, and © Photobac/Shutterstock; 10L, © 2017 Google Map Data; 10R, © reivax/CC BY-SA 4.0; 11, © Mary Evans Picture Library/Alamy Stock Photo; 12, © Christopher Payne/ESTO; 13, © Photo Researchers, Inc/Alamy Stock Photo; 14, William M. Harmer/Public Domain; 15, © Yoho 2001/CC BY-SA 3.0; 16, © Maria Legault; 17, © f11photo/Shutterstock and © Donna Beeler/Shutterstock; 18L, © North Wind Picture Archives/Alamy Stock Photo; 18R, © Gary Saxe/Shutterstock; 19, © Paul Briden/Shutterstock and © Potapov Alexander/Shutterstock; 20L, © Sue Leonard Photography/Shutterstock; 20R, © JesseChilders/Shutterstock, and © CREATISTA/Shutterstock; 21, © Russ Bishop/Alamy Stock Photo; 23, © Sergey Kamshylin/Shutterstock; 24, © Fotokon/Shutterstock.

Director editorial: Kenn Goin
Editora: Jessica Rudolph
Traductora: Eida Del Risco
Editora de español: María A. Cabrera Arús
Director creativo: Spencer Brinker
Investigador de fotografía: Thomas Persano
Cubierta: Kim Jones

Library of Congress Cataloging-in-Publication Data in process at time of publication (2018)
Library of Congress Control Number: 2017049377
ISBN-13: 978-1-68402-612-8 (library binding)



Para más información, escriba a Bearport Publishing Company, Inc., 45 West 21st Street, Suite 3B, New York, New York 10010. Impreso en los Estados Unidos de América.

10 9 8 7 6 5 4 3 2 1

# Contenido

# CIUDADES DESHABITADAS

Caminas por una ciudad **abandonada** que alguna vez estuvo llena de gente. Los edificios derruidos están cubiertos de hierbas. Al doblar una esquina, escuchas un leve crujido. Entonces, empiezas a sentir como si alguien te observara. Miras alrededor, ¡pero no hay nadie! ¿Es posible que los **espíritus** del pasado sigan acechando en las sombras?

¡Prepárate para leer cuatro historias aterradoras sobre ciudades **deshabitadas**. Pasa la página... ¡si te atreves!

# DESASTRE EN JAPÓN

**Fukushima, Japón**

En marzo de 2011, un **terremoto** estremeció Japón. El terremoto causó que una ola gigante de 132 pies (40 m) llamada **tsunami** se formara en el océano. Más de 15.000 personas se ahogaron.

El tsunami toca tierra

Una casa destruida

Se desconoce el **destino** de 2.600 personas. Pueden haberse ahogado o haber sido aplastadas durante el terremoto. Pero, aunque se piensa que están muertas, sus espíritus inquietos podrían estar vagando por las calles.

El verano después del desastre, los taxistas cerca de Fukushima contaban que habían recogido a unos clientes peculiares. Un conductor dijo que una mujer joven quería ir a una parte deshabitada de la ciudad. Él le dijo que la ciudad estaba vacía y ella le preguntó: "¿He muerto?". Cuando el taxista se dio vuelta, ¡el asiento estaba vacío!

Se han visto otros fantasmas fuera de las tiendas abandonadas en Fukushima. A muchos les faltan miembros. ¡A algunos les falta la cabeza!

# La Isla de la Muerte

## Isla North Brother, Ciudad de Nueva York

Hay una parte de la Ciudad de Nueva York que ha estado abandonada por más de 50 años. Pocas personas se atreven a visitar ese tenebroso lugar. ¿Por qué?

La isla North Brother tiene una historia oscura. En 1904, un barco lleno de gente se incendió y se hundió.

Isla North Brother

Un hospital abandonado

Algunos pasajeros ardieron en el fuego y otros se ahogaron. **Trágicamente,** más de 1.000 personas murieron. Muchos cuerpos fueron a dar a las orillas de la isla North Brother.

El pasado sombrío de la isla también incluye un hospital que trataba pacientes con **tuberculosis.** Las personas con esta enfermedad escupían sangre y se consumían en medio de terribles dolores. Morían en el hospital y nunca regresaban a casa.

El hospital de tuberculosos

La residente más famosa era Mary Mallon, también conocida como Mary **Tifus**. Mary era una cocinera de la Ciudad de Nueva York que contagió a 57 personas con el tifus. En 1915, para evitar que la enfermedad se propagara, la obligaron a vivir en la isla North Brother.

Mary Mallon con otros pacientes de la isla North Brother

# LA CHICA QUE SE QUEDÓ

**Indiana, Ontario, Canadá**

Hace 150 años, Indiana, Ontario, era un pueblo muy atareado. Mucha gente trabajaba en los **aserraderos** que transportaban la madera a través del río Grand. Entonces, se construyó un ferrocarril para transportar la madera más rápidamente, pero no llegó hasta Indiana. El pueblo estaba condenado. A los pocos años, los trabajadores habían encontrado trabajo en otros pueblos.

Leñadores

Con el tiempo, sus casas de madera se pudrieron. En el centro de este pueblo fantasma, solo queda en pie la mansión de los Thompson. Con su cementerio familiar al lado, la casa resulta un lugar siniestro para ir de visita.

La mansión Thompson

En el siglo XIX, la pequeña Bessie Thompson vivía en la mansión y jugaba en los terrenos que la rodeaban. Pero, cuando se enfermó, no podía salir de la casa. Con frecuencia se sentaba en la escalera mirando hacia afuera. Por desgracia, murió de **difteria** a los diez años.

Hoy en día, algunos visitantes dicen que sienten una fuerza misteriosa cuando caminan por el cementerio de la familia. Otros dicen haber visto el fantasma de una niña sentada en la escalera de la mansión.

No hay fotografías de Bessie, pero en una vieja carta el padre la describe. ¡La descripción se corresponde con la de la niña fantasmal que los visitantes han visto más de 100 años después!

# La maldición de Bodie

**Bodie, California**

En la década de 1870, un minero descubrió oro en el este de California. Allí surgió un pueblo lleno de tiendas, hoteles y bares. Con el paso del tiempo, los mineros encontraron cada vez menos oro y se marcharon. Algunos incendios destruyeron Bodie.

Mineros

Bodie

¡Uno de los fuegos lo produjo un niño al que no le hicieron un pastel de cumpleaños! Le prendió fuego a la mesa de la cocina de su casa, y las llamas destruyeron más de la mitad del pueblo. Hoy en día, nadie vive en Bodie, pero los **guardaparques** han reportado encuentros con fantasmas.

En los edificios abandonados, las luces se encienden solas y cantan voces misteriosas. En una casa, se ve a una criada en la ventana.

Alguna gente cree que estos espíritus protegen al pueblo de los ladrones. Dicen que es una **maldición**, y que quien robe algo de Bodie experimentará cosas terribles.

De hecho, muchos visitantes devuelven cosas que han robado, acompañadas de cartas con disculpas dirigidas... ¡a los espíritus de Bodie!

Un visitante de Bodie vio a su hija jugando con una amiga invisible. Entonces, vio una lápida cercana que pertenecía a Evelyn Myers, muerta en 1897 a los tres años. ¿Estaría jugando su hija con el fantasma de Evelyn?

# Ciudades abandonadas del mundo

### Bodie
California

Explora los edificios no tan deshabitados de este pueblo fantasmal.

### Indiana
Ontario, Canadá

Visita este pueblo y a una niña solitaria que vivió en el pasado.

### Isla North Brother
Ciudad de Nueva York

Descubre una isla secreta y comparte su mortífera historia.

### Fukushima
Japón

Visita las áreas fantasmales de esta ciudad abandonada.

# Glosario

**abandonada** que se ha dejado vacía y descuidada

**aserraderos** lugares donde se cortan los troncos de árboles para convertirlos en madera

**deshabitadas** que nadie vive en esas áreas

**destino** resultado final

**difteria** una enfermedad que dificulta la respiración

**espíritus** criaturas sobrenaturales, como los fantasmas

**guardaparques** trabajadores a cargo de proteger las áreas verdes

**maldición** algo que puede causar un mal o un daño

**terremoto** un temblor repentino del suelo causado por el movimiento de la capa exterior de la Tierra

**tifus** una enfermedad que causa fiebre muy alta y que puede ser mortal

**trágicamente** muy triste o desafortunadamente

**tsunami** una enorme ola o grupo de olas del océano causadas por un terremoto

**tuberculosis** una enfermedad muy seria que daña los pulmones

# Índice



# Lee más

**Rocklin, Joanne.** *This Book Is Haunted (An I Can Read Book).* Nueva York: HarperCollins (2002).

**Teitelbaum, Michael.** *Terror at the Ghost Town Mine (Cold Whispers).* Nueva York: Bearport (2016).

# Aprende más en línea

Para aprender más sobre ciudades deshabitadas, visita:
**www.bearportpublishing.com/Tiptoe**

# Acerca de la autora

E. Merwin quería un beagle por su séptimo cumpleaños, pero lo que le regalaron fue una máquina de escribir. Desde entonces, no ha parado de escribir.